Eco y palabra del pensamiento

Eco y palabra del pensamiento

POESIA, REFLEXIÓN Y ORACIÓN

LUIS ALBERTO GUIDO

Número de Control de la Biblioteca del Congreso de EE. UU.:   2015903796
ISBN: Tapa Dura   978-1-5065-0141-3
                 Tapa Blanda   978-1-5065-0150-5
                 Libro Electrónico   978-1-5065-0149-9

Información de la imprenta disponible en la última página.

Fecha de revisión: 11/03/2015

Para realizar pedidos de este libro, contacte con:
Palibrio
1663 Liberty Drive
Suite 200
Bloomington, IN 47403
Gratis desde EE. UU. al 877.407.5847
Gratis desde México al 01.800.288.2243
Gratis desde España al 900.866.949
Desde otro país al +1.812.671.9757
Fax: 01.812.355.1576
ventas@palibrio.com
702640

Índice

"Padre Guido tiene una habilidad única de hacernos ver a través de sus escritos la bella complejidad de la vida. "Eco y palabra del pensamiento," es una extensión de su primer libro "Amar con Sabiduría es Saber Volar", pero con su propio sabor y color que inspira, provoca e invita a buscar milagros en la vida. En sus escritos, nos reta a ser audaces y tomar la determinación de que todo lo que somos, tenemos y nos rodea es ya milagro, es el final de la búsqueda y el principio del encuentro."

--Laura Lopez, Coordinadora Pastoral y formadora de líderes en la Diócesis de San Bernardino, California.

INVITACION

Un libro es concebido con mucho amor y crece con los desvelos de su autor. Según va desarrollándose, el libro se convierte en el depositario de las ilusiones con que su autor ha soñado por mucho tiempo. Así este libro entra en el mundo. Un libro, termina siendo un misterio.

Querido lector, acoge bien este libro. El Padre Luis es guardián de la Palabra de Dios, que escucha con reverencia y comparte con su comunidad. También Padre Luis es guardián de la palabra de su pueblo, que le ha enseñado a hablar y a expresarse con estas palabras. Ahora Padre Luis nos devuelve "su palabra" como compañero peregrino; "la distancia es larga", pero podemos "recorrer juntos la vida". Este libro nos revela pensamientos íntimos y visiones profundas de su autor. Antes de convertirse en palabra escrita, fueron intuición y preocupación concebidas en la oscuridad; después vinieron a la luz, convirtiéndose en ráfagas de fuego, que nos iluminan por un instante.

Hay libros que incrementan nuestros conocimientos. Hay libros que nos hacen soñar con aventuras improbables. Hay libros que nos inquietan con reflexiones profundas. Hay libros que nos hacen reír con sus ocurrencias chistosas. Hay libros que nos hacen llorar con sus historias emotivas. Hay libros que nos asustan con sus imágenes de horror. Hay libros que nos hacen maravillar ante la vida. Este es uno de ellos.

Como un niño pequeño que se asombra ante objetos cotidianos según los va descubriendo con gozo, así este libro hace que nos maravillemos ante cosas que parecen irrelevantes, como una bicicleta; nos invita a que cantemos el instante en que la lluvia moja la tierra; nos llama a que captemos lo efímero, lo que pasa casi sin meter ruido. Lo importante es lo que ocurre cada día; lo extraordinario es lo que sucede constantemente y lo más relevante es lo que damos por supuesto.

Este libro es una obra de pocas palabras. Sugiere más que explica. Apunta, más que elabora. Es el relámpago que ilumina la tierra por un instante. Hay que terminar la silueta que el autor nos ha trazado; hay que seguir la pauta que nos ha marcado; hay que completar lo que está inacabado. Este libro nos pide que lo terminemos de escribir, con nuestras propias ocurrencias, observaciones y sueños. A veces este libro se vuelve un niño travieso. Juega con las palabras; nos hace ver la vida desde un ángulo inesperado, e incluso provoca pensamientos profundos, ante los que no sabemos cómo reaccionar. Su talante se torna desafiante. ¡Es nuestra vida y nuestra historia!

Hay que agradecer a Padre Luis que nos dé la oportunidad de despreocuparnos de tantos quehaceres que llenan nuestro tiempo y que nos llevan de un lado para otro, como barquitos en un mar tormentoso. Escuchemos su invitación a ocuparnos en el quehacer más importante: recobrar nuestra humanidad viviendo en este mundo que Dios nos ha regalado. De vez en cuando hay que retirarse al monte, como Jesús hacía; hay que buscar un rincón, como Jesús nos recomendaba. Allí, en la quietud, en diálogo con nosotros mismos y con Dios, tenemos que asombrarnos de la vida que nos ha sido regalada.

Poesía y sabiduría. Esto es lo que nos ofrece este buen libro de tan buen padre.

José A. Sanz.
Sacerdote Católico, rector e instructor del seminario Junípero Serra de la Diócesis de San Bernardino, California.

EN LA VIDA

Con sabio juicio de buen viajero mira tu agraciado existir,
con firmeza y sin prisa deja tu corazón latir,
con entereza calla para poder escuchar lo que el silencio recita,
con intrepidez navega el océano inmenso donde nace tu sentir,
con buenos amigos recorre caminos para descubrir milagros,
con valentía manteniendo la llamarada del buen porvenir.

LLUVIA

Que llueva, que truene,
que caiga el agua, que corra el agua,
dejar que el agua surque la tierra y haga camino.

Que llueva, que el agua moje la tierra,
dejar que la tierra se llene de yerba.
Que llueva que el agua salpique la tierra.

Que llueva, que truene, que suene.
Dejar que el agua llegue con fuerza.
Que llueva, dejar que el agua caiga,
dejar que la lluvia tranquila toque la tierra.

BICICLETA AMARILLA

La niña en su bicicleta amarilla,
entre tierra y arena rodando va.

En su bicicleta se atreve a ir lejos,
ni el polvo, ni el perro ni el político la asusta.
Corre, vuela, avanza, valiente con alegría vive.

Niña de la bicicleta amarilla,
a veces ríe, a veces llora, siempre sueña.

De cara al sol, de cara al mundo, sin miedo,
sigue, en su vuelta, rodando camino y mundo.
Entre lluvia y charco, entre viento y lodo,
siempre con rostro sereno, disfruta todo.

ECO Y MEMORIA DE LA HISTORIA

En el tiempo, cuanto más pasa,
buscando siempre burlar o vencer los temores,
que la historia no nos oprima.

Día a día protagonistas de la historia y amigos del tiempo,
ser principio, ser inicio, sin quedarse atrás.
Somos eco y memoria de la historia

Entre el día y la noche lo que se vive,
entre la noche y el día lo que se sueña.
Somos tiempo, somos historia.

Entre el tiempo, fuego y letras
que la antorcha no se apague.
Lo que con el corazón hoy se escribe, mañana se vive.

INQUEBRANTABLE

Historia de una, historia de muchas,
grandes han sido las luchas.
Estudiando, trabajando, siempre viajando,
entre aliadas y aliados, iluminados, nunca abatidos.

Joven, alegre y extraña la experiencia,
día a día, descifrando el mito, la metáfora, la existencia.
Inquieto destello del astro, herencia de la bóveda celestial,
mundo impaciente y fraguado, reflejo del mito griego.

Entre palabras y razones los corazones se mueven,
buscando metas, nunca temerosos de las sombras.
Herederos de la leyenda y la ficción, del recuerdo y el vestigio,
como el mármol añorando los tiempos antiguos.

Deseando ser noticia del ser y saber,
creer, fortuna y porvenir del destino.
El pensamiento, caudal de la historia,
inquebrantable es su gran lucha.

EL ES

Tierra fértil, vida y crisol del buen servidor
Templo del mundo, sol de abril y nube de mayo
Cuerpo y alma del que su vida da por lo que ama.

Amistad y humildad, sinceridad y paciencia
Sereno rostro del buen amigo
Raíz y fruto de la fe y vasija de la existencia.

Fuerza y valor de la barca en el ancho mar agitado
Abundante esperanza del cuerpo cansado
Justicia de la mano por su trabajo dañada
Voz y recuerdo de la memoria nunca olvidada.

ESPEJO DEL TIEMPO

Escrito está,
lo que Dios me da,
no es casualidad,
árbol y espejo del tiempo,
historia que sin miedo va.

CONTIGO

Has visto a Dios,
has sentido a Dios,
has escuchado a Dios,
has recorrido con Dios,
has estado con Dios,
has reído con Dios,
has llorado con Dios,
has comido con Dios.
Contigo está, contigo va.

LIBERTAD DEL ARTE

Arte es imagen y destreza
Arte es belleza y amistad
Arte es obra y humanidad
Arte es sabiduría y diversidad
Arte es presencia y experiencia
Arte es creación y gracia de Dios
Arte es libertad.

BENDITO

Sol, que nunca me olvide de ti.
El día de hoy contigo vivo,
mi vida, contigo amanece,
contigo atardece.
Mi vida, cerca de Dios.

Luna que nunca me olvide de ti,
lejos de mí, cerca de ti.
Voz al viento, yo grito,
O Dios bendito.

ÁRBOL

Árbol verde, hojas secas,
santo el día en que naciste,
de ramas magnas y raíces fuertes,
tus antiguas raíces son pasado y presente.

Árbol, el viento y la lluvia
te alimenta la savia, te alimenta el silencio.
Guardas secretos, cobijas misterios,
alimentas relatos e inspiras historias.

BUENA VOLUNTAD

Gente buena, obreros y constructores,
sirviendo siempre al buen arquitecto,
gente humilde de buena voluntad.

Tu verdad nos enseña justicia.
tu amor nos enseña compasión,
grande eres tú en la ciudad de la libertad.

Obrero labora bajo la promesa de tu sombra,
Gente bebiendo café con azúcar dulce y rebelde
que despierta la consciencia de la buena voluntad.

Hambre y fuego, bofetada, la caricia de Dios
Rostro, brazo y voz,
es la promesa de lo que el mundo será en la alborada.

INOCENCIA

En la cima,
si bien la lluvia ha llegado,
el fuego no se ha apagado.

El destello que en la lejanía encandila,
es el mar que con destreza de la naturaleza
seduce la frágil nave.

Como bella madre, siempre hay una noche,
que sin miedo y ternura,
a la vida de la mano conduce
a discernir la desnudez de la inocencia.

VALOR, VOZ Y DENUNCIA

¿Quién quiere ser valiente y testigo de la caridad y verdad?
Jorge Bergolio, san Francisco de la humildad.

¿Quién desea ser crítico y profético ante todo patriotismo y cinismo?
Dietrich Bonhoeffer, persona de coraje quimérico.

¿Quién eleva su voz de indignación?
hermanas Mirabal, Teresa de Calcuta, Rigoberta Menchú,
cual frágil semilla germina el reclamo de valiente amor y canción.

¿Quién busca ser la voz que vence el silencio de la injusticia?
opulencia y arrogancia,
Oscar Romero, sin miedo, pronuncio y voz del pobre.

¿Quién toma en sus manos la lucha del cambio?
Mahatma Gandhi, por la solidaridad y la paz,
capaz de oponerse a la violencia del poder,
por un trato de respeto y digno del ser humano.

Muchos su vida han de arriesgar,
por la paz, esperanza y caridad.

POLVO

En cada paso, se pisa polvo,
firme viajero, no tiene destino ni rumbo,
sin prisa, con calma siempre transita
lo mismo le da, quedarse o salir.

No busca la paz, la violencia o amistad,
poco le importa la muerte, nunca muere, nunca vive.
No sabe que es alegría o dolor,
no le impresiona la luz o tiniebla y menos la luna.

Polvo y desierto, océano de cristal ardiente.
Es tierra que en agua se torna en barro, y el barro en jarro.
No tiene morada, ni viene ni va, volando en el viento,
sola y templada transita la tierra.

En la lejanía del polvo sólo queda melancolía.
Polvo, como vestigio en el fuego luchas como guerrero,
sin fin, aquí y allá tú sombra nadie extraña.

SER

Creer nos lleva a crecer,
crecer nos lleva a vivir lo que deseamos ser,
vivir es creer en lo que queremos llegar a crecer.
Luchar por que le debemos al mundo ser.

ESENCIA DIVINA

Es de ti lucha y justicia, en la cima alta que anidas,
paz y coraje, bebida y comida esencia divina,
pan y vino, comparte Jesús tu cuerpo divino.

Orando con los cosmos,
buscando los anhelos y nombrando los destinos.

Dibujo de luz, sombra de luna
lucha y justicia, que nace de nuevo en el alba,
entre la noche y el día, bebida de vida.

La distancia es larga, pero recorrer juntos la vida,
preciosa la prenda que Jesús da a mi vida.

BUSCANDO AMAR

¡Oh fulgor, fruto que de la tierra mana!
Esperanza y poesía, eres lo que el alma anhela
Frente a escudos y flechas no te da miedo amar.

Naces del rayo y te alimentas del rocío,
hermoso jazmín que adornas el mundo,
enciendes el color en los ojos y algo más que lleva a amar.

En el cielo distante y redondo
se forma la nube que ampara el brillo divino,
del rio baja el caudal llevando el valor para amar.

Sentimiento y deseo profundo del mar,
el corazón ardiendo camina,
buscando siempre amar.

VOZ DE LA VERDAD

Hay mucho de que hablar.
Voz inquieta,
denuncia,
exige,
pide.
De la voz de la verdad seamos dueños.

Voz suave,
palabra que penetra,
crece y madura.
Gesto de valentía y coraje,
fuego del deseo de vivir.

Contando historias,
en esta vida,
seamos dueños de la verdad.

También por ti,
en una palabra,
se contará,
la historia de la humanidad.

CAMINANDO

No es un sueño, con entusiasmo de camino va
en tierra blanca, tierra buena y santa.
Lleva rumbo, lleva dirección, con pies descalzos,
con arrojo, con su alma va.
Al encuentro de una sonrisa resuelto va,
de una madre, de una hermana, de una amiga,
no importa quién, al encuentro va.
No importa quién, por un hermano,
por un amigo, por un extraño, por un abrazo, tal vez será.
No importa quién, lo mismo da, por una mano,
por un rostro, con valor quiere llegar.
Buscando paz, libertad, soñando va.
No es un sueño, Dios de todo es dueño.

No más guerras, no más tragedias, sólo el derecho de vivir, solidaridad.

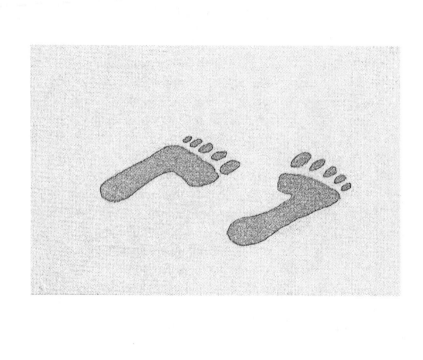

MUJER

Gracias por llevarnos de la mano,
gracias por el secreto del desayuno,
gracias por el designio de tu verso.
Gracias por compartir tus brazos, tus besos,
trabajos y muchos de tus pasos.

Mujer
Eres ánimo, justicia y derecho,
eres buena voluntad y libertad,
eres propósito y céfiro del pasado,
eres memoria y distancia del tiempo,
eres silencio y razón del presente,
eres la oración de hoy y el fervor de mañana,
eres pensamiento, pólvora, belleza y oda,
eres fuerza del fuego y tormenta que calma.

Mujer
Ni la distancia o pesadez de tu frágil cuerpo
impiden que me regales una sonrisa.
Mujer, levántate, vence, vive.

COMO DESTELLO

Sentimientos y pensamientos,
propósitos y protagonismos
como las estrellas, evolucionan,
unas brillan, otras se apagan,
y algunas explotan.

SABÍA PERICIA

De dócil rostro y tiernos ojos,
chiquilla, sonriente enseñas tus dientes,
siempre paseas con gorra y bolsa, y tus tenis rotos,
juegas con monitas, con sabia precia vives.

Tu corazón marca el compás del gorrión y el acordeón,
con travesura besas la flor, besas la cruz,
en tus manos tienes el poder, tienes el control,
moldeas el barro, acaricias la rosa, tocas maracas y quiebras la roca.

Chiquillo que rascas la tierra y rascas el cielo,
en la tierra buscas gusanitos,
y en el cielo atrapas pajaritos,
vences el miedo, libras peligros y tiemblas de frio.

Jugando en el pozo de la ciencia,
inventas piratas y astronautas,
te arrebata la chispa de amigos, sueños, ciencia y comedia divina,
valeroso juegas en el valle de Cirra y las alturas andinas.

ACEPTANDO

Un paso más,
el espacio y el camino,
un pensamiento a la vez,
da sentido a tu existencia,
lleva sereno tu destino,
aceptando siempre con cariño,
por el bien de los demás,
generosamente caminar.

CERTEZA

Del sol de ayer,
sólo queda el recuerdo,
del sol de hoy,
sólo queda la sombra,
el sol de mañana
es la esperanza.

DE LA FE

Una fe que no refleja la luz de nuestros tiempos,
la cultura, costumbres, tradiciones
y preocupación por los sucesos actuales en el mundo,
es una fe lejana al corazón.

CONOCIMIENTO

Poco a poco, los salones se van quedando vacíos.
Después de una ardua jornada de trabajo,
los estudiantes van dejando atrás
las plumas, las notas, los libros y pizarrones.
Los salones se han quedado vacíos,
los estudiantes han quedado llenos de ideas,
sueños, deseos, anhelos, visiones y metas.
Queda todo, mucho más que recuerdos y memorias,
el deseo de seguir escribiendo la historia.
Queda vivir lo que se escribió,
todo con amor,
servir lo que se aprendió.

POR ESTE DIA

Hoy día,
entre poesía y alegría,
a Dios le doy las gracias
por este hermoso día.

TUYO ES

Por dos mil lunas
de poesía
prosa
y verso,
tuyo es el universo.

DEL DESEO

Lo verdadero,
no está lejos.
Lo esencial,
está cerca.
El deseo,
del corazón.
El motivo,
del alma.
La paciencia,
del espíritu.
La humildad,
del justo.
El honor,
del respeto.

DOLOR DE ESTOMAGO

Un dolor de estómago me arribo,
quizá por los muchos tacos que ingerí,
o tal vez es por el chile de árbol que sin medida comí.
Creo que mi estómago se ha irritado.
será por las muchas barbaridades y mentiras
que dice alguna gente inconsciente.

Lo que sea, voy a buscar un remedio,
he de beber
té caliente,
de manzanilla,
de hierba buena,
de hojas de limón,
o un buen sermón
difícil de encontrar de repente.
Dios quiera en esta ocasión,
el dolor de estómago se me quite,
con una buena oración.

LA RAZON

El uso de la fuerza
y la violencia es contrario
a la inteligencia que el creador nos dio.

El uso irracional de la razón
está fuera de la realidad de la creación.

El uso correcto de la razón por el bien de los demás
es la manifestación real del amor.

PUENTE

Puente,
entre agua
cielo
y tierra,
se fuerte.

TRAVESIA

En la audaz travesía
de nuestro mundo,
algunos quieren ser santos,
otros buscan ser héroes,
aquellos ansían ser ídolos,
muchos sueñan ser campeones,
pero en concebir,
están los que saben ser humanos.

GRACIA Y VERDAD

Vida, verdad que nace del pensamiento divino
Vida, creación que germina del agua y la tierra
Vida, unidad del deseo y la gracia
Vida, gracia que emerge del fuego y el viento
Vida del cuerpo y del alma, es gracia y verdad.

LA VERDAD EN LA HISTORIA

Hay palabras que encierran un misterio,
hay palabras que encierran una idea,
hay palabras que encierran una historia.

De las palabras a lo escrito,
cada escrito refleja una idea,
cada idea escribe una experiencia,
cada experiencia tiene su verdad en la historia.

RELATIVIDAD

Del cielo a la tierra,
la relatividad de la vida,
es el amor.

PLEGARIA Y COMUNION

Padre nuestro que estás en el cielo y en nuestras vidas, envía tu Espíritu para que en nuestra fe, en nuestra esperanza, y en nuestro amor por los demás, tu nombre sea santificado; Por medio del trabajo de nuestras manos y nuestras voces, venga a nosotros tu reino. Que con las buenas acciones de nuestra vida, se *haga tu voluntad en la tierra como en el cielo.*

Danos hoy nuestro el pan de cada día, así como también nosotros nos esmeramos en dar de comer a los niños, mujeres y hombres que sufren de hambre; Tú que eres un Dios bueno, *perdona nuestras ofensas,* así como también nosotros por tu bondad, perdonamos a los que necesitan de nuestro perdón.

No nos dejes caer en la tentación del odio, de la división, y de la indiferencia al dolor de los demás, más líbranos de hacer el mal a otros y ayúdanos a tratar a nuestro prójimo con el mismo amor y dignidad con que tú nos creaste. Que por medio del Espíritu Santo seamos en el mundo verdadera plegaria y comunión.

TENOCHTITLAN

Cielo de mayo,
nube de abril,
tierra y cantera, el maíz con agua en bandeja,
regalo y herencia del metate y la masa.
Sol y valle en vaso de oro,
Tenochtitlán dónde quedaste.
Aliento de fuego que en el corazón quedaste grabado.
Plumas, flechas y danzas,
tu rostro de trueno y mitos,
parece de lunas y soles.
Tenochtitlan viajas
en bellos astros azules.

CAMBIO

Al llegar la primavera, el sol tu belleza transforma
Al llegar el verano, el verde sin demora aflora
Al llegar el otoño, incita tu cambio en cada retoño
Al llegar el invierno, la luna ilumina y despierta tus sueños.
Deja que a ti llegue el cambio.

ALGUN DIA

¿Mamá, qué es una escuela católica?

-Una escuela católica es donde enseñan a los niños el amor de Dios,
el amor de Jesús.

-También enseñan del amor al prójimo, a los pobres y los necesitados.

¿Y por qué mi hermano y yo no estamos en esa escuela?

-Algún día, posiblemente tus hijas o tus nietos podrán estar ahí.

RASCANDO LA TIERRA

Caminando en la vida,
encuentro a una niña rascando la tierra,
con una piedrita intenta sacar gran roca.
Con intriga e inocencia de adulto pregunto
acerca de su insistente intención.
Con limpia inocencia, con voz suave,
responde que intenta salvar la gran roca
de hundirse en la tierra.
Con juicio de adulto respondo que tal tarea difícil se ve.
Inocente responde que de su padre aprendió
que en esta vida que Dios nos dio,
queriendo nada es difícil.
Ahora como ella, con la misma intensión,
me encuentro rascando la tierra.

LA HERIDA

¿Qué ha pasado con tu herida?
Has tratado de olvidarla
¿Cómo se puede olvidar sin curarla?
Has tratado de ignorarla,
No se puede olvidar o ignorar lo que ve y se siente.

SE HA HECHO POBRE

Se ha escondido en la vida del pobre
Come de la misma comida del pobre
Ha escondido su rostro en el pobre
Come en la misma mesa del pobre
Ha escondido sus manos en el pobre
Come del mismo plato del pobre
Ha escondido su corazón en el pobre
Come con la misma cuchara del pobre
Vaya, que si sabe amar, pues se ha hecho pobre.

GRACIA

Como hidalgo en casa vive,
Tenaz con espuelas corre,
como un héroe en la calle juega,
como el cenzontle en el manzano canta,
en secreto duerme en casa,
con simpleza come pan y leche.
Valiente la gracia la tierra invade.

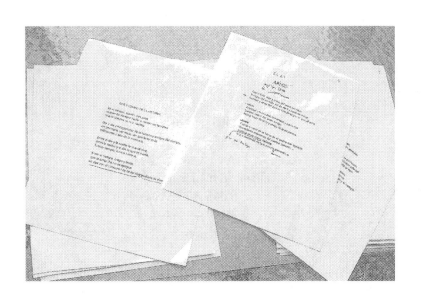

RECETA

Chiles verdes, ajos y cebollas en aceite.
En su tiempo, tres minutos
Agua hirviendo, papa y zanahorias
Hojas de laurel y aroma de los clavos
Sin apuro la blanca y sabrosa coliflor
Sin olvidar media taza de buen vinagre
para que logre su deseado aroma y sabor.

PACHAMAMA

Pachamama Santa Tierra, presencia y esencia del creador,
obra y designio santo, alianza entre tierra y sol,
leyenda e historia de la existencia eterna.

Tierra andina seductor es tu canto
de tu vientre mana y miel que alimenta el alma,
lluvia y roció acaricia tu rostro venerada Pachamama,

En tus bronceadas praderas las flores crecen y florecen
rostro celeste, tu viento es respiro y brisa
Hojas misteriosas y animosas donde aves posan y el amor reposa,

Pachamama Santa Tierra, regalo santo,
bálsamo del antiguo monte alto,
madre del árbol de tronco robusto y justo.

Tus ríos y arroyos puros, son las venas
de agua fresca que alimentan la vida de la jungla andina.
vientos tersos en los que viaja la semilla,
Savia que alimenta el color de la flor y rama que así Dios ama.

AFABILIDAD

No hubo otro en el tiempo, otro verdadero amigo,
con sincero deseo de ser puente y camino.
Como el viento libre su alma lleva sin pendiente,
su virtud es afabilidad, no ignora, no pretende.

Inspirado por su pasión de ver un buen destino,
cubre con escudo y hierro el corazón.
Expuesto al repudio su verdad con valor preserva,
Entre reyes y poderes, pisa firme en su existencia.

NUESTRA PAZ

Explorar nos lleva a descubrir,
Descubrir nos lleva a existir,
Desnuda, transforma, enfrenta al mundo,
Encuentra a Dios,
Entregate a la luz, a la tierra, a la audacia,
Despojate del velo,
Construye, enuncia la paz.

FUENTE

La voz que logra llegar a lo más profundo del corazón
y transformarlo,
es la voz que con templanza, decisión y valor
enfrenta los retos de un mundo moderno,
sin ignorar los bríos del pasado para la fuente del futuro.